Yo Soy
IMPARABLE

Por

Johanna Soto Aguilú

*"Siempre podrás hacer lo que quieras, nada te limita.
Eso sí, tienes que trabajarlo"*

Publicado por Ledership LLC
en San Juan, Puerto Rico
2020

Copyright © 2020 por JOHANNA SOTO
Diseño Portada: Marohu Marketing
Maquetación: Marohu Marketing
Diseño Contraportada: Marohu Marketing
Fotografía: Jerica Colón.

ISBN: 978-1-7340253-0-9
ISBN: 978-1-7340253-1-6

JOHANNA SOTO & LEDERSHIP LLC
www.johannasoto.com
www.yosoyimparable.net
www.ledership.net
www.ledership.club
Email: comunidad@ledership.net

Casa Editora: Ledership LLC

Contenido

Introducción

Yo Soy Imparable y Tu También

Lo Primero: Estoy aquí
- Claridad
- Decisión
- Plan de Acción

Lo Segundo: Rompe la pared
- Tus excusas
- Tu compromiso
- Tu enfoque

Lo Tercero: El éxito
- El propósito
- El trabajo
- La recompensa

Expresiones de gratitud

Para papi y mami, gracias por traerme a este mundo para cumplir con mi misión.

Para Rocky y Moncho, gracias por amarme así, sin velos y sin peros. Por ser el "ground" de mi vida.

Para Vero, gracias por ver, por creer y crear, por acompañarme en esta jornada desde su incepción.

Índice

i.	Yo soy imparable y tú también	8
ii.	Claridad	13
iii.	Decisión	19
iv.	Plan de acción	26
v.	Tus excusas	44
vi.	Tu compromiso	50
vii.	Tu enfoque	56
viii.	El propósito	62
ix.	El trabajo	67
x.	La recompensa	72
xi.	Referencias	74

Yo Soy Imparable y Tú También

"Siempre podrás hacer lo que quieras, nada te limita. Eso sí, tienes que trabajarlo." Estas palabras han acompañado el recorrido de mi vida desde mis primeros recuerdos. Las palabras de papi. Siempre que las escucho, recuerdo a papi contando su historia de limitaciones y progreso, reforzando siempre que el entorno ni las circunstancias determinan tu nivel de éxito. ¡Bien que sí papi! ¡Bien que sí!

Este libro llevaba encubándose hace más años de los que me atrevo a contar. ¿Cuándo vas a escribir un libro? ¿Para cuándo lo vas a dejar? Tienes tanto que aportar, ¿y el libro pa' cuándo? Estas fueron algunas de las preguntas que constantemente recibía, pero las excusas con las que me justificaba eran más épicas. Desde el típico "lo haré cuando termine este proyecto", "ya pronto", "está en proceso" … Sí, ¡ajá! Y con esta comparsa de excusas los días se convirtieron en semanas, en meses, en años. Y así como si nada, procrastinar se convirtió en el hábito invisible para el cual siempre tenía una justificación.

Soy coleccionista de conocimiento y experiencias, esa es una de mis fortalezas para el aprendizaje. Sin embargo, como toda fortaleza que no se desarrolla, se convierte en el cimiento de una pared que rodea y protege nuestra zona de comodidad. Y nos ancla allí, limitando e interrumpiendo todo cuanto nos rodea; quitándonos el aire poco a poco, matando la creatividad, cegando la inspiración y finalmente convenciéndonos que conformarnos con nuestro estatus quo, es la solución. Dicho esto, te pregunto, ¿vives o sobrevives? ¿Creas tu futuro o caminas el tramo del conformismo? ¿Estás en control de tu vida o lo entregaste a otros para que decidan por ti?

Yo escogí vivir… de forma intencional, con pasión. En las palabras del reconocido escritor James A. Michener: "Un maestro en el arte de vivir hace poca distinción entre su trabajo y su juego, su faena y su tiempo libre, su mente y su cuerpo, su información y su recreación, su amor y su religión. Apenas sabe cuál es cuál. Simplemente persigue su visión de excelencia en lo que hace, dejando que otros decidan si está trabajando o jugando. Para él siempre está haciendo ambas cosas". Hace cinco (5) años me convertí en una persona imparable. Utilicé todos los conocimientos a mi alcance para diseñar y poner en acción mi plan de vida y transformar mis resultados personales, profesionales y financieros. Conecté con mi pasión y desde entonces me convertí en dueña de mi destino, soy imparable. Desde entonces manejo con balance mi vida, determino en qué y cómo invierto mi tiempo y mis recursos. En el momento que entendí que soy la arquitecta de mi futuro y de mi destino, puse manos a la obra. En ese momento fundé Lēdership LLC (https://www.ledership.net), una compañía enfocada en trabajar con las organizaciones para proveer soluciones innovadoras relacionadas con el diseño organizacional y el desarrollo del liderazgo. Desde que me convertí en imparable cuento con el tiempo y los recursos para disfrutar el tiempo con la familia, cuidar de mi, hacer las cosas que me gustan, estudiar y escribir, hacer trabajo voluntario y servir; y añadir valor al mundo a través de todos mis proyectos.

Si estás buscando cómo salir del estancamiento donde estás y construir el futuro que quieres, si la motivación te inspira, pero no pasa nada, este libro es para ti. Así es, para ti. ¿Alguna de estas frases es familiar en tus oídos? "Este es mi año", "vamos por más", "grandes cosas vienen para mi, yo lo se" … Probablemente respondiste sí, cómo la mayoría de las personas. Sin embargo, ¿reconoces un elemento en común entre ellas? Ninguna de ellas te hace imparable. Como dice un refrán en la Isla del Encanto, del dicho al hecho hay un gran trecho. Ahora la pregunta es… ¿cómo cierro el trecho?

¿Qué encontrarás en las siguientes páginas? Un mapa para que nada te detenga, para que conquistes todo lo que te propones. Un GPS para ser imparable. La decisión de usarlo y aplicar lo aprendido depende de ti, de nadie más. Si no haces el trabajo no pasa nada. Te quedarás donde estás. Por otro lado, ¿te imaginas lo que sucedería si lo haces? Para acompañarte en la jornada, al final de cada capítulo encontrarás ejercicios y preguntas para el camino. Te recomiendo que adquieras una libreta (journal) para que documentes tu proceso para convertirte en alguien imparable. Al final de cada capítulo también encontrarás un código de respuesta rápida **(QR Code)** que te llevará al portal del libro https://www.yosoyimparable.net para acceder un vídeo donde conversaré contigo más a fondo sobre el tema en el que estés trabajando.

Estoy segura de que te convertirás en imparable. ¿Sabes cómo lo sé? Porque yo estuve alguna vez en ese mismo lugar. Hubo una vez donde me sentí inmensamente inspirada en crear el futuro de mis sueños, pero no hacía el trabajo para llegar. En cambio, coleccioné el conocimiento, pero no lo convertí en combustible para la jornada. Hasta que hice el trabajo, entonces fui capaz de crear las oportunidades que abrieron las puertas para hacer realidad mi diseño. Me convertí en imparable. Y tú también lo serás.

Determinaste tomar este libro en tus manos buscando equiparte, para cambiar tu estatus quo. Haz el trabajo, aunque te incomode, aunque sea difícil. Te acompañaré en la jornada. Usa los recursos que encontrarás en estas páginas. Si haces el trabajo formarás parte de un grupo exclusivo que se atreve a moverse en poder, aun con la duda y el temor. Al hacerlo, abrirás las puertas de la oportunidad y vivirás al máximo de tu potencial. Serás imparable.

En gratitud y éxito,

Johanna Soto

CAPÍTULO 1
CLARIDAD

Capítulo 1: Claridad

"La mistificación es simple; la claridad es lo más difícil de todo."
Julia Barnes

¿Alguna vez escuchaste a alguien decir: "En mi mente está bien claro"? Ahí mismo empieza la jornada de la claridad.

He sido estudiante del liderazgo desde muy joven y cómo todo ávido estudiante, siempre he buscado oportunidades para crecer. Esta búsqueda me convirtió en seguidora de autores, oradores motivacionales, y cuanta otra persona tenía algo que decir sobre el liderazgo. En el camino encontré personas genuinas en su contenido y otros tantos charlatanes. También encontré a otros que, a pesar de sus buenas intenciones, fueron inconsistentes en su conexión y mensaje, por lo que se convirtieron en irrelevantes. También me hice adicta a participar de talleres y seminarios donde los organizadores promueven la solución única a tu necesidad, y que son de alta intensidad. Ya sabes, de esos eventos que tienen oradores de renombre, los participantes comparten tu energía y entusiasmo, y al terminar estás en estado de éxtasis repitiéndote frases como vamos por más, ahora sí que nadie me detiene, que se prepare el mundo que voy por ahí. Y aunque todas esas frases dichas con pasión y entusiasmo hacen que la adrenalina te corra por las venas y te hagan sentir invencible, son frases vacías si no hay claridad.

Dejemos algo claro. Es importante capacitarse y aprender. Ese es uno de los hábitos de las personas exitosas (no desesperes, hablaremos del éxito en la tercera parte de este libro). Una persona en la búsqueda constante de su desarrollo y de crear las oportunidades para vivir la vida que ha soñado, comienza cultivando una cosa: la claridad. Con mucha frecuencia encuentro personas que hablan de lo que quieren hacer y cuando les pido que describan de forma específica cómo se ve "eso" que quieren hacer, la respuesta es mutis. Yo también guardé silencio ante esa pregunta una vez.

En el 2014, completé mi certificación de oratoria, coaching y recurso adiestrador con The John Maxwell Team (JMT). En ese entonces pensaba que llevar esta distinción al lado de mi nombre abriría instantáneamente las puertas a mi definición de éxito. ¡Qué incrédula fui! Pensé que la asociación con el prestigio sería una catapulta instantánea hacia todo lo que había soñado. ¿Sabes una cosa? Fíjate que no. En aquel momento no me conecté con el proceso ni con los recursos que esta hermosa certificación tiene disponible para la comunidad JMT. Así pues, comencé a implementar estrategias para mi éxito desacertadamente con el resultado común del fracaso vestido con el espíritu de la prostitución. Hacer dinero era prioridad para obtener las cosas que quería pero que en nada articulaba mi propósito ni lo que represento. Y fracasé una y otra vez. Era el patrón repetido al que me acostumbré.

Ese mismo año conocí a Kary Oberbrunner [1], quien se convertiría en uno de mis Coaches (sí, un Coach también necesita trabajar con un Coach) y me acompañó en la jornada de la búsqueda de la claridad. Yo pensaba que tenía el toro agarrado por los cuernos con el asunto de la claridad. Por lo menos eso creía yo. Fue entonces cuando me tiraron a los lobos… me tocaba describir con claridad mi visión. Con la contentura de un perro con dos rabos y el ego como porrista, abrí la boca con la arrogancia de quien cree tener todas las respuestas. Así salieron estas palabras de mi boca: "Mi visión es darle voz a la idea y llevar la idea a la acción". Si estás pensando que es una frase inconclusa y sin sentido, tienes toda la razón. Un silencio sepulcral siguió mis palabras y Kary me dijo: "Es un buen lugar para empezar, continúa haciendo el trabajo y la claridad llegará". ¡Pero qué pantalones! ¡Y qué a mi! Sus palabras ardieron como cuando te raspas las rodillas y encima le hechas alcohol. ¡Coño como ardió! Esas palabras laceraron mi ego, no a mi. Ahí empezó el trabajo.

La claridad es el inicio de cada jornada. Después de todo, quien no define a dónde quiere llegar nunca sabrá si llegó. Cuando hablamos de claridad nos referimos a la meta, no al camino. ¿Cómo se ve lo que quieres lograr? Cuando el producto final se puede describir con claridad esta pregunta se contesta rápido. Pero la pregunta es, ¿cómo consigo claridad? *Antes que todo*, dos cosas debes internalizar para la búsqueda de la claridad.

1. Primero, debes tomar la decisión de querer moverte en poder para hacer los cambios necesarios en tu vida. Eso está en tu control. Las personas a nuestro alrededor siempre tendrán una opinión de cómo debemos vivir nuestra vida y de las cosas que debemos hacer. Nadie puede querer más tu éxito que tú. ¡Comprométete contigo!

2. Segundo, este proceso es una jornada, no una carrera. Para que puedas obtener resultados, deber ser consistente en hacer el trabajo. Para ello, es importante reconocer que tendrás que hacer cosas que nunca habías hecho. Tendrás que desarrollar nuevos hábitos y trabajar para descartar los hábitos que ya no te son útiles. Los resultados no son instantáneos. ¿Quieres resultados? Te toca hacer el trabajo.

Ahora, manos a la obra. Para obtener claridad, lo primero que debemos hacer es reformularnos nuestra definición de éxito. ¿Qué es éxito para ti? ¿Te emociona esa definición? ¿Te asusta? Para convertirte en imparable, el primer paso es identificar cuál es tu definición de éxito. Así es… ¿Cómo se ve tu vida de éxito? ¿Cómo es tu calidad de vida desde el éxito? ¿Cómo se ve tu entorno desde el éxito? Este es el momento donde necesitarás escribir tus respuestas. Comencemos el trabajo. Aquí estoy, te acompaño. Busca un espacio tranquilo, que te inspire y date permiso para soñar.

Reflexiona sobre las preguntas en la sección *Preguntas para el Camino* y accede el vídeo que acompaña este capítulo a través de este código de respuesta rápida (QR Code) a continuación.

Ejercicios y Preguntas para el Camino

Cuando vayas a trabajar con estas preguntas, te recomiendo contestarlas de la manera más sincera. Las palabras que escribirás son para ti, no te mientas.

1. ¿Cuál es la definición de éxito para ti? ¿Está tu vida en este momento (y tu estilo de vida) alineada con tu definición?

_____
_____
_____
_____
_____

2. Imagina que puedes darle "fast-forward" a tu vida y ver cómo vives tus últimos años. Descríbelos. ¿Estás viviendo de acuerdo con tu definición de éxito? ¿Cuáles han sido los momentos exitosos en tu vida? ¿Cuáles han sido tus momentos más felices? ¿Cuáles han sido los momentos de mayor satisfacción?

_____
_____
_____
_____
_____

3. Ahora concéntrate en los momentos de mayor satisfacción que identificaste. ¿Cuáles han sido los momentos donde te has sentido realizado(a)? ¿Cuándo te sientes más feliz? ¿En qué momentos sientes que tu pasión y energía son más notables?

_____
_____
_____
_____
_____

4. ¿Cuál fue tu mayor descubrimiento en este ejercicio? ¿Cómo impacta este descubrimiento la manera en cómo te percibes en la actualidad y en el futuro?

_____
_____
_____
_____
_____

CAPÍTULO 2
DECISIÓN

Capítulo 2: Decisión

"Una decisión real se mide por el hecho de que has tomado una nueva acción. Si no hay acción, realmente no has decidido."
Anthony Robbins

Ya tienes claridad, ahora tienes que tomar una decisión. ¡Más fácil dicho que hecho! Antes de continuar separemos la gimnasia de la magnesia. Cuando hablamos de tomar decisiones, no me refiero a si tomar el café con leche y azúcar en lugar de un té. No me refiero a las decisiones diarias como son seleccionar la estación de gasolina en la que me detendré o lo que voy a almorzar hoy. Me refiero a esa decisión trascendental que cambiará el resto de tu vida. La decisión que te hará imparable.

La palabra *decisión* proviene del latín *decidere* [2] *("de" – separarar y "caedere" – cortar)*. Significa separar la opción y ejecutar la acción de cortar, talar, romper, matar todas las demás opciones. ¡Qué palabra fuerte y llena de intención! Tomamos una decisión cuando iniciamos un nuevo curso de acción que nos acerca a los resultados que esperamos y matamos todas las demás opciones.

Tomar una decisión significa armarnos de valor para continuar un camino que nos separará de nuestras circunstancias… Esto implica hacer lo que sea necesario para seguir el plan de acción que nos llevará a nuestro destino. Es importante recordar que es a ti a quien le toca hacer el trabajo. Es a ti a quien le toca tomar la decisión de moverte en poder. Nada va a ocurrir si tú no te mueves primero. ¿Quieres cambio de tus circunstancias? ¡Muévete entonces! ¡Haz el trabajo! Selecciona tu opción y mata las alternativas. Así de simple.

Cada uno de nosotros tiene un momento decisivo en la vida que nos hace imparable. Esto no les ocurre solamente a los famosos, ni tampoco es parte del libreto de una película inspiradora. Nos ocurre a todos. Mi momento decisivo fue el 24 de febrero de 2014 en el vuelo

1033 que me llevaría de regreso a casa desde Orlando, Florida. Regresaba de una experiencia que me había estrujado el alma, elevado mi espíritu y me dejó con una pregunta… ¿Cuál será mi próximo paso? Después de las vivencias de los días anteriores, ya no era la misma. El día anterior había completado un taller con tres (3) maestros espectaculares, entre ellos, Les Brown [3]. Sus palabras se me escribieron en el corazón. Al terminar el evento, me acerqué y le pregunté ¿podemos sacarnos un "selfie"? Con su peculiar sonrisa me dijo: "*¡Por supuesto! Yo saco la foto*". Mi corazón dio un vuelco de emoción y yo estaba que no cabía en el cuerpo de la emoción. Seguido a la foto le di las gracias y me dijo: "*Recuerda siempre que en ti hay grandeza, cultívala. Quizás algún día sea yo quien te pida un selfie*". ¡Por poco me caigo de boca!

Y así, cruzando el Atlántico me enfrenté a mis excusas cuando el pasajero que estaba sentado a mi lado me preguntó a qué me dedicaba. En milésimas de segundos abrí la boca para compartir la respuesta automática pero las palabras que salieron de mi boca fueron: "*Yo cultivo personas y los acompaño en la jornada para conectar con la mejor versión de sí mismos*". Bastó una fracción de segundo para decidir… Las palabras gentiles de Les Brown resonaban en mis oídos aún. Ese fue mi momento decisivo. En ese momento estaba leyendo el libro *The Deeper Path* del autor Kary Oberbrunner [5] y mis ojos se detuvieron al tope de la página 21: "*Know this: your number will come up. I can't tell you the exact day of your defining moment, but trust me, it's coming. And it will not matter if you are ready or not.*" (Oberbrunner, 2013). ¡Vaya momento para que me tocara a mi! Sabía que había cruzado el umbral a la salida de mis complejos, mi zona de comodidad, mis miedos y de mis excusas.

Mi momento decisivo ha establecido la pauta desde entonces. Eso no significa que la incertidumbre y la duda no han estado presentes. Lo han estado. Sin embargo, he escogido hacerlo de todas maneras. He tomado la **decisión** de moverme en poder por mi, porque es mi propósito de vida. Porque soy imparable.

La decisión no es una palabra mágica, pero tiene un toque

de magia. Cuando tomamos una decisión trascendental se genera en nosotros un estado de grandeza, de poder, de conquista. Nos volvemos imparables. El éxito en la implementación de esa decisión se cimienta en lo que tú crees que es posible para ti. Tomar una decisión de transformar tu vida y convertirte en imparable toma milésimas de segundo. La decisión de transformar tu vida positivamente no tiene contras, solamente puntos a favor. Es una decisión (recuerda que mataste todas las demás opciones) que te impulsará constantemente hacia adelante. Te mantendrá en enfoque y motivación, en conexión con tus sueños. La grandeza en nuestro corazón despertará cuando alimentemos la intención de hacerla realidad con pasión.

Tomar una decisión para transformar nuestra vida viene acompañada de retos y excusas. En el párrafo anterior te dije que tomar una decisión tenía un toque de magia, la decisión enmarca el sueño. La decisión que tomes tuya, no le pertenece a nadie más. Así mismo, debes comprometerte con ella para alcanzar el éxito. Hay que hacer el trabajo. Eso no significa que tu sueño se hará realidad porque así tú lo quieres. El éxito llega cuando inviertes las horas, aprendes del fracaso, revisas tu estrategia a base de lo aprendido, haces el sacrificio (intercambio de algo valioso para ti por algo de mayor valor) y eres persistente e implacable (que no se rinde nunca). Después de todo, si tu sueño no te asusta, las decisiones que tomes para alcanzarlo serán irrelevantes. Si no hay pasión, deseo, intención y claridad, no darás los pasos necesarios para ser imparable.

Ten cuidado, a veces creemos que nuestro sueño es nuestro cuando en realidad es de otros que lo han sembrado en nuestro corazón y en nuestra mente. Por eso la búsqueda de la claridad es tan importante. ¿Ya hiciste los ejercicios del capítulo 1? La decisión que tomes está basada en el descubrimiento realizado después de hacer el trabajo. Tu decisión estará rodeada de tu historia, de tus excusas, de tu conformismo, de tu intención, de los hábitos que has adoptado como mandato para regir tu vida. ¿Quieres vivir el sueño de otro para ti? ¡Pues NO! Atrévete a conectar la fuerza imparable que habita en ti. La jornada no será fácil pero no lo harás en soledad. Estaré aquí para acompañarte. Tu decisión. Tu jornada. Tu sueño. Tu futuro.

Sí, ya se… el mundo no es una burbuja entre estas páginas, tú y yo. Al soltar este libro y levantar la vista, el resto del mundo tendrá una opinión sobre tu decisión. Cuando tomamos una decisión aparecerán los "expertos" a llenarte de dudas y a decirte que "ellos" lo hubieran hecho de otra manera, que hubieran tomado otra decisión. Así pues, comenzarán la descarga de opiniones en tu presencia que te harán cuestionar si tomaste la decisión correcta. Recuerda, la decisión que tomaste es por ti, para ti. Mantén el enfoque en tu plan y usa esas palabras como combustible para moverte hacia delante, no como cojín para sentarte en la zona de confort.

Ha llegado el momento de tomar una decisión. ¿En qué vas a enfocarte? Este es el momento donde tenemos que reflexionar sobre nuestro sistema de creencias. ¿Crees que lo que quieres lograr es posible para ti? ¿Estás en la disposición de crear nuevos hábitos? Y con esto dicho, ¿deshacerte de los hábitos que ya no te son de utilidad? ¿Estás en la disposición de hacer lo que sea necesario? Este es el momento donde necesitarás escribir tus respuestas.

Continuemos el trabajo. Aquí estoy, te acompaño. Busca un espacio tranquilo, que te inspire y date permiso para soñar.

Reflexiona sobre las preguntas en la sección ***Preguntas para el Camino*** y accede el vídeo que acompaña este capítulo a través de este código de respuesta rápida (QR Code) a continuación.

Ejercicios y Preguntas para el Camino

Cuando vayas a trabajar con estas preguntas, te recomiendo contestarlas de la manera más sincera. Después de todo, las palabras que escribirás son para ti, mereces toda tu honestidad.

1. ¿Cuál es la decisión que tienes que tomar para convertirte en imparable? ¿Es realizable en los próximos cinco días? ¿Cuándo lo harás?

_____
_____
_____
_____
_____

2. ¿Qué estás dispuesto(a) a hacer para seguir el curso de acción de la decisión que tomaste?

_____
_____
_____
_____
_____

3. ¿Qué nuevos hábitos tendrías que desarrollar para apoyar la decisión que tomaste? ¿Qué hábitos tendrías que dejar? ¿Cuál es tu motivación para ello?

_____
_____
_____
_____
_____

4. ¿Qué podrías hacer para mantener el enfoque hacia tus nuevos hábitos?

_____
_____
_____
_____
_____

5. ¿Cuál fue tu mayor descubrimiento en este ejercicio? ¿Cómo impacta este descubrimiento la manera en cómo te percibes en la actualidad y en el futuro?

_____
_____
_____
_____
_____

Capítulo 3: Plan de Acción

"Nadie puede volver al inicio y comenzar un nuevo comienzo, pero cualquiera puede comenzar hoy y hacer un nuevo final."
María Robinson

Del dicho al hecho hay un gran trecho. Al menos eso dice el refrán. La distancia entre el dicho y el trecho se determina cuando evaluamos nuestro estatus quo versus el lugar a donde queremos estar. Cuando queremos hacer cambios trascendentales en nuestra vida además de buscar claridad y tomar la decisión pertinente, debemos tener un plan. ¿Cómo vamos a llegar a donde queremos desde donde estamos? Cuando implementas tu plan de acción, desatas la grandeza en tu interior para hacer lo que sea necesario para alcanzar lo que te propongas. Un plan de acción es la herramienta que te permitirá establecer tus prioridades y actividades a corto y largo plazo. También te permitirá evaluar tu progreso hacia el cumplimiento de las metas que estableciste para ti.

Para hacer un plan de acción realista necesitamos establecer el punto de partida y el destino. El punto de partida es donde estás hoy. El destino es el lugar a donde quieres llegar (si no lo defines, jamás sabrás si llegaste). Un plan de acción realista te hará imparable solamente si haces el trabajo. Si no lo implementas y evalúas el progreso estás perdiendo el tiempo.

¡Cerremos la brecha pues! La pregunta es ¿por dónde empiezo? El primer paso es determinar cual es tu condición actual. Eso requiere que miremos los diferentes aspectos de nuestra vida en los pasados 12 meses. Lo haremos utilizando la *Rueda de la Vida* que se utiliza en Coaching y PNL (Programación Neurolingüística). Si tienes un Coach, probablemente ya trabajaste con este ejercicio. Si es la primera vez que la ves, déjame explicarte como funciona. La *Rueda de la Vida* es una herramienta de Coaching creada por **Paul J. Meyer** [6], fundador de *Success Motivation Institute*. Hay otras ruedas que se utilizan en otros campos y religiones, pero para este capítulo utilizaremos la rueda a continuación.

Rueda de la Vida

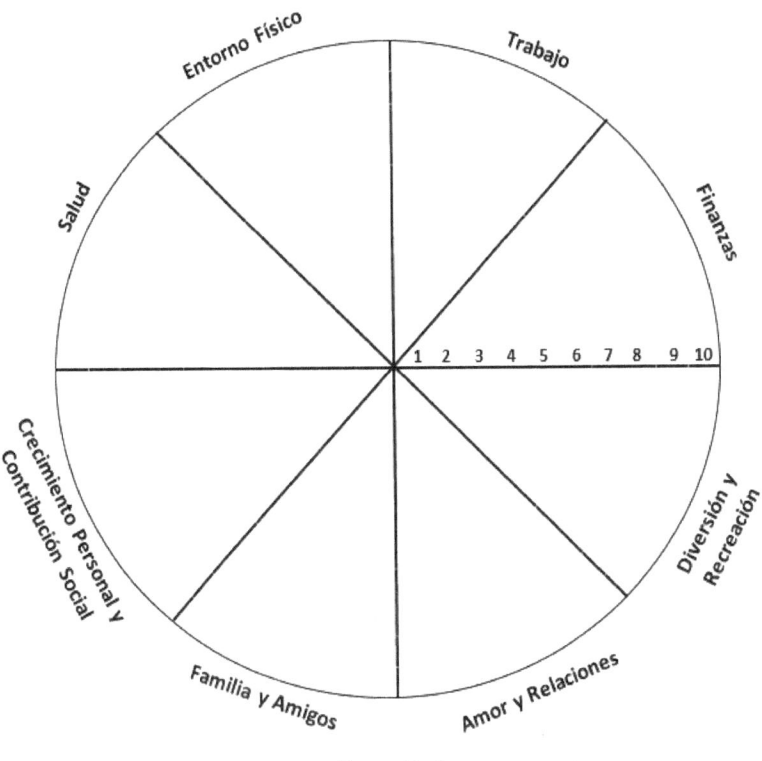

Ilustración 1

La rueda contiene ocho (8) segmentos que representan la vida del ser humano como un todo. Cada segmento se conoce como una prioridad de tu vida. Para efectos de este ejercicio, la que comparto es la comúnmente utilizada en Coaching, pero puedes hacer una lluvia de ideas sobre todas las cosas o áreas de tu vida que son importantes para ti. Puedes elegir entre ellas las ocho (8) más importantes para hacer tu *Rueda de la Vida*. Cuando trabajamos con ella, es como si nos sacáramos una foto instantánea del nivel de satisfacción con nuestra vida de forma holística. Cada sección es abarcadora y puede ser explorada en la profundidad que desees (te proveo más información en el vídeo sobre cómo puedes expandir el ejercicio). Este ejercicio es excelente si todavía estás explorando la obtención de claridad.

Como he mencionado anteriormente, para saber hacia donde vamos debemos conocer dónde estamos. Así podemos trazar el curso de nuestros pasos con responsabilidad. Trabajemos con determinar nuestro estado actual. Vamos a trabajar con cada aspecto de la rueda de la vida utilizando la siguiente estructura:

1.   Cada sección (salud, entorno físico, trabajo, finanzas, diversión y recreación; amor y relaciones, familia y amigos; y crecimiento personal) tienen unas preguntas guías para iniciar tu proceso de evaluación. Las respuestas a estas preguntas deberás documentarlas en el área designada para tales fines en cada sección.

2.   Después de completar tu evaluación, deberás determinar la puntuación que te das en cada área en la escala del 1 al 10 utilizando la siguiente gráfica y que ha sido colocada al final de cada sección.

PUNTUACIÓN DEL ÁREA

3.   Cuando hayas determinado tu puntuación en cada sección, ve a la *Rueda de la Vida* y en la sección correspondiente sombrea el área desde el 1 hasta el número que indicas en tu puntuación. Este ejercicio lo repetiremos para cada sección. Cuando hayas completado tu evaluación, tu *Rueda de la Vida* podrá verse así.

Ejemplo de la Rueda de la Vida Completada

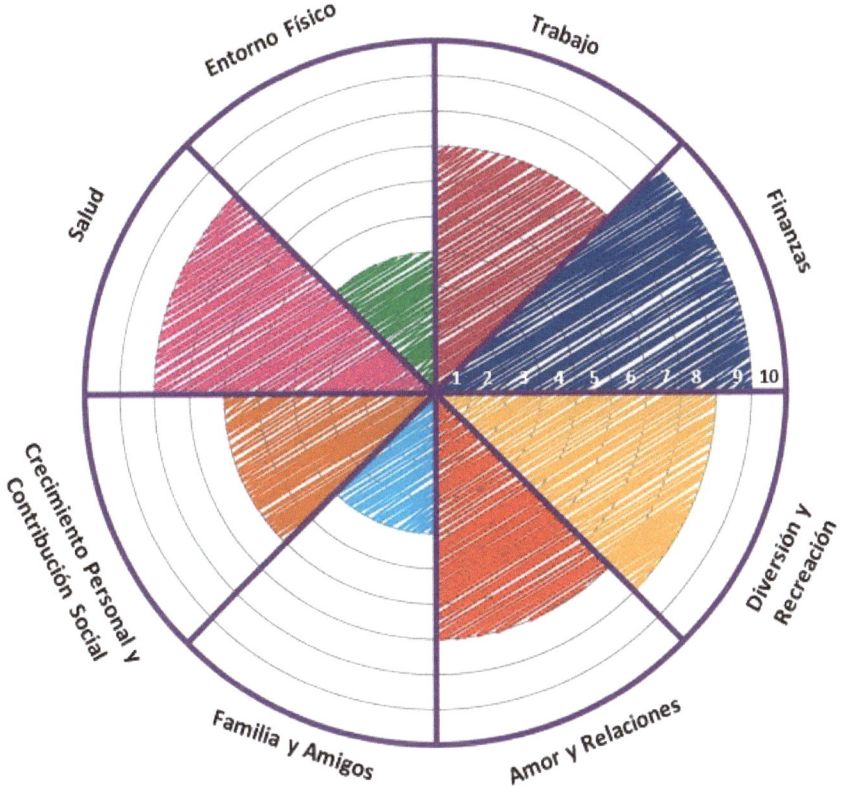

Ilustración 2

Completar este ejercicio pone en perspectiva las áreas de nuestra vida y facilita el proceso de búsqueda de la claridad y la toma de decisiones para convertirnos en una persona imparable. La reflexión sobre los resultados de nuestra evaluación te permitirá diseñar un plan que elevará tus resultados. Después de todo, todos buscamos una vida balanceada donde podamos disfrutar de la felicidad. ¿Estás ready? ¡Comencemos!

a. Salud

Para este ejercicio considera tu salud física y mental. En los pasados 12 meses, ¿cómo ha estado tu salud? ¿Cómo es tu peso en comparación ha esta misma fecha el año pasado? ¿Has consultado un médico para determinar tu estado de salud en los últimos 12 meses? ¿te has enfermado en los pasados 12 meses? ¿Qué cosas no pudiste hacer, viajes que no pudiste dar o proyectos que no se pudieron concretar debido a tu salud? ¿Has estado bajo estrés en los pasados 12 meses o estuviste en relajación durante el año? ¿Cuáles fueron tus logros en el área de la salud (física o mental)? ¿Cuál o cuáles fueron tus desatinos en el área de la salud (física o mental)? Escribe tus respuestas a continuación.

Jornal de Evaluación - Salud

Reflexión sobre tu Salud Física	Reflexión sobre tu Salud Mental

Ahora bien, ¿qué puntuación te darías en el área de salud? Haz un círculo alrededor de tu selección y sombrea el área correspondiente en la *Rueda de la Vida*.

Puntuación Área de Salud

No estoy tan bien como creía 1 2 3 4 5 6 7 8 9 10 *¡En mi mejor forma!*

b. Entorno Físico

En este ejercicio, el entorno físico se refiere al espacio donde vives. Con esto en mente, en los pasados 12 meses, ¿cómo te sientes en el lugar donde vives? ¿Te gusta? ¿Sientes seguridad y tranquilidad en tu casa? ¿Disfrutas plenamente de tu libertad en el espacio donde resides? ¿Te gusta el barrio, la ciudad y el país donde vives? ¿Tienes tu casa limpia y ordenada?

Jornal de Evaluación - Entorno Físico

Sobre tu Casa	Sobre tu Comunidad

Ahora bien, ¿qué puntuación te darías en el área de salud? Haz un círculo alrededor de tu selección y sombrea el área correspondiente en la *Rueda de la Vida*.

Puntuación Entorno Físico

No estoy tan bien como creía   1   2   3   4   5   6   7   8   9   10   *¡En mi mejor forma!*

c. Trabajo

En este segmento nos enfocaremos en el trabajo. Considera las siguientes preguntas guías para reflexionar sobre los 12 meses previos. ¿Alcanzaste todo lo que deseabas en el trabajo? ¿Te levantas cada mañana contento para ir al trabajo? ¿Disfrutas tu trabajo? ¿Qué te gusta de tu trabajo? ¿Qué no te gusta? ¿Qué se te hizo cómodo? ¿Qué te sacó de tu zona de confort? ¿Eres parte de una organización que refleja lo que piensas y sobre todo que tiene tus valores? ¿Tienes oportunidad de crecer? ¿Te sientes motivado y satisfecho con tus funciones laborales? ¿Qué fue lo más que te enorgulleció? ¿Qué fue lo más que te frustró? ¿Te llevas bien con tu jefe y tus compañeros de trabajo o preferirías ser tu propio jefe? ¿Perdiste el trabajo y ahora estás sin empleo?

Jornal de Evaluación - Trabajo

Sobre tu Carrera	Sobre tu Jefe y Compañeros

Mi trabajo sería mejor si ...

¿Qué puntuación te darías en el área laboral? Haz un círculo alrededor de tu selección y sombrea el área correspondiente en la *Rueda de la Vida*.

Puntuación - Trabajo

No estoy tan bien como creía   1   2   3   4   5   6   7   8   9   10   *¡En mi mejor forma!*

d. Finanzas

¡Llegamos al segmento del dinero! Hablemos de tus finanzas. Considera estas preguntas guías. Piensa en los pasados 12 meses. ¿Pasaste la mayor parte del año en números negros o números rojos? ¿Cómo rastreas tus ingresos y tus gastos? ¿Ganas lo suficiente para vivir como deseas? ¿Cuánto dinero ganaste en los pasados 12 meses? ¿Cuánto dinero gastaste en los pasados 12 meses? ¿Estás conforme con el dinero que manejas diariamente? ¿Te agobian las deudas? ¿De los pasados 12 meses, cuántos de ellos llevaste un estilo de vida dentro de tus medios? ¿Te riges por un presupuesto? ¿Ahorras lo suficiente? ¿Estás planeando y ahorrando para tu retiro? ¿Recibiste un aumento de sueldo?

Jornal de Evaluación - Financial

Tus Ingresos:	Tus Gastos:
Sobre tu Carrera	Sobre tu Jefe y Compañeros

¿Qué puntuación te darías en el área económica? Haz un círculo alrededor de tu selección y sombrea el área correspondiente en la *Rueda de la Vida*.

Puntuación - Finanzas

No estoy tan bien como creía   1   2   3   4   5   6   7   8   9   10   *¡En mi mejor forma!*

e. Diversión y recreación

Reírse y divertirse es esencial para mantener el balance en nuestra vida. Lamentablemente, en nuestra búsqueda de éxito, en muchas ocasiones descuidamos la importancia de recrearnos, divertirnos y reír. A ver, ¿cómo describirías los pasados 12 meses? ¿Llenos de alegría y lo consideras un año terrible? ¿Qué hiciste con tu tiempo libre en los pasados 12 meses? ¿Qué haces para relajarte? En los pasados 12 meses, ¿qué fue lo más divertido que viviste y por qué? ¿Cuándo fue la última vez que te reíste tanto que te dolió el estómago y con quién estabas? ¿Qué pasatiempos, proyectos de pasión, oportunidades y actividades de aprendizaje fueron divertidas?

Jornal de Evaluación - Diversión y Recreación

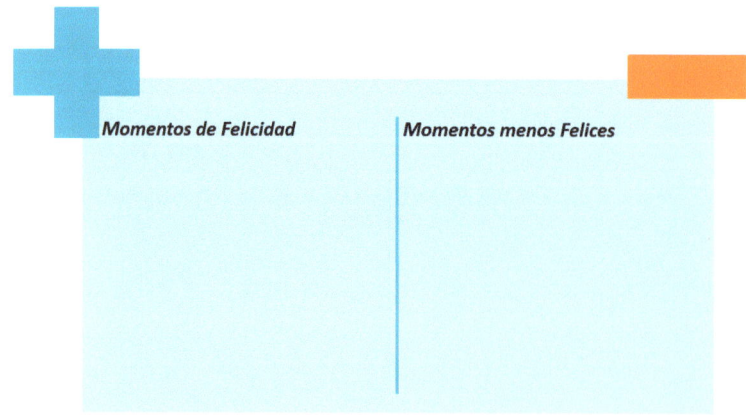

¿Qué puntuación te darías en este segmento? Haz un círculo alrededor de tu selección y sombrea el área correspondiente en la *Rueda de la Vida*.

Puntuación - Diversión y Recreación

No estoy tan bien como creía 1 2 3 4 5 6 7 8 9 10 *¡En mi mejor forma!*

f. Amor y Relaciones

¡Ah! L'amour! Cuando pensamos en el amor, una de las cosas que debemos recordar es que cada uno de nosotros tiene una definición individual. El amor, así como el éxito, tiene que ser definido por ti. Esa definición no le pertenece a nadie más… Reflexiona sobre las relaciones en tu vida durante los pasados 12 meses. ¿Te sientes amado(a)? Si tienes pareja, ¿estás a gusto con ella? ¿Compartes con tu pareja actual los mismos valores e intimidad? ¿Estás en búsqueda de pareja? ¿Estuviste conectado(a) y presente en esas relaciones o por el contrario estuviste desconectado(a) y ausente? ¿Estás alimentando adecuadamente la relación que tienes en este momento? ¿Cuándo te sentiste amado(a) y cuándo quisiste irte? ¿Cómo demuestras afecto? ¿Cómo le demuestras a las personas importantes para ti que te importan? ¿Sientes satisfacción con tu vida familiar? ¿Quién o quienes son personas tóxicas en tu vida? ¿Quién o quienes son personas que te impulsan a prosperar?

Jornal de Evaluación - Amor y Relaciones

¿Qué puntuación te darías en este segmento? Haz un círculo alrededor de tu selección y sombrea el área correspondiente en la *Rueda de la Vida*.

Puntuación - Amor y Relaciones

g. *Familia y Amigos*

Ahora nos toca conversar sobre las relaciones que tienes con las personas que son parte de tu círculo familiar y de tus amistades. ¿Te llevas bien con tus padres, suegros, amigos, hijos? ¿Pasas tiempo suficiente con tu familia? ¿Hablas con frecuencia con tus familiares, aunque no los veas mucho? ¿Sales frecuentemente con los amigos? ¿Disfrutas el tiempo que pasas con tus amigos? ¿Tienes pocos amigos, de esos buenos y de toda la vida, o una larga lista de conocidos? ¿Realmente tus amigos y tus familiares están cuando los necesitas? ¿Te sientes satisfecho con tu vida familiar?

Jornal de Evaluación - Familia y Amigos

¿Qué puntuación te darías en el segmento de la Familia y Amistades? Haz un círculo alrededor de tu selección y sombrea el área correspondiente en la ***Rueda de la Vida***.

Puntuación - Amor y Relaciones

No estoy tan bien como creía 1 2 3 4 5 6 7 8 9 10 *¡En mi mejor forma!*

h. Crecimiento Personal

Crecer es sinónimo de estar vivo. Cuando hay crecimiento—en todo ser vivo—se ve. Físicamente el crecimiento se ve con el cambio el cuerpo, ganamos estatura, el cabello se alarga, las facciones cambian y nos arrugamos, aprendemos a caminar y corremos. Pero ¿cómo crecemos a nivel personal? ¿Cómo se ve eso? Comencemos aquí. ¿Te sientes en realización por haber hecho todo aquello cuanto ha inspirado tu mente y corazón? Por ejemplo, viajar por placer, aprender un nuevo idioma, crear, pintar, cantar, escribir un libro, etc. ¿Lees? ¿Te gusta aprender cosas nuevas? ¿Aprovechas las oportunidades para aprender y crecer? ¿Qué te hace completar este ejercicio? ¿Qué te hace seguir leyendo este libro? ¿Qué significa para ti convertirte en alguien imparable?

Jornal de Evaluación - Crecimiento Personal

Oportunidades de crecimiento Aprovechadas	Oportunidades de crecimiento Pasadas por Alto

¿Qué puntuación te darías en este segmento? Haz un círculo alrededor de tu selección y sombrea el área correspondiente en la *Rueda de la Vida*.

Puntuación - Crecimiento Personal

Con este segmento completamos la Rueda de la Vida. Este ejercicio de evaluación es uno de los más intencionales que puedes hacer. Como me dijera uno de mis Coaches en una ocasión, "crear tu obra maestra requiere que seas intencional en evaluarte, pero más intencional en mejorarte. Es una experiencia religiosa". Antes de continuar hacia tu plan de acción hay varias cosas que debes tener presente. Los resultados de tu rueda son los de este momento. Están influenciados por tus pensamientos, lo que crees, por cómo te sientes hoy. No te frustres. Si sacaste altas puntuaciones, ¡qué chévere! Si no sacaste puntuaciones altas, eso sólo significa que hay más trabajo por hacer para que estés en plena satisfacción con tu vida. Este ejercicio no pretende darte una calificación sobre tu vida. Su propósito es establecer el contexto sobre el cual harás el trabajo para moverte en poder. Este es un ejercicio que debes hacer con regularidad, te recomiendo que lo hagas cada vez que evalúes el progreso de tus metas. Una persona imparable evalúa constantemente lo que puede hacer mejor para alcanzar sus resultados. Esto incluye cuestionarnos nuestra condición.

Para hacer lo que nos apasiona podemos comenzar ahora mismo. Eso no requiere otra cosa más que intención. Pero la realidad es que la intención, pasión, talento y conocimientos no son suficientes. Hay mucho más, se requiere que cierres la brecha de donde estás a donde quieres estar, que te muevas, que lo quieras. Mirar hacia adentro es un acto de valentía y honestidad que cada uno de nosotros merecemos. Es el primer paso para convertirnos en imparables.

Ahora nos toca trabajar con lo próximo. ¿A dónde quieres llegar? ¿Cuándo quieres llegar? ¿Qué tienes que hacer para llegar? Las respuestas están en tu interior. Para cada área de la Rueda de la Vida establece tres (3) metas con las que quieres trabajar para mejorar ese aspecto de tu vida. Para ello, utilizaremos la estructura a continuación. También puedes descargar el formulario en https://www.yosoyimparable.net. Así podrás utilizarlo tantas veces lo necesites. Redacta las metas

Plan de Acción Para Ser Imparable

Recomendación: Redacta tus metas en futuro, como si ya las hubieses alcanzado. De esta manera entrenamos a nuestra mente subconsciente para aumentar tu nivel de alerta a las oportunidades que hay a tu alrededor para hacer de tus metas una realidad. Escribe tus metas de forma específica y medible, incluye fechas de cumplimiento y personas que te ayudarán.

Área de Prioridad: _____		
	Meta	**Fecha de Cumplimiento**
Metas y fecha de cumplimiento	1.	
	2.	
	3.	
Razones por las que estas metas son importantes. ¿Cuál es tu motivación para alcanzarlas?		

¿Cuáles son mis fortalezas, habilidades y apoyo que tengo para alcanzar estas metas?	
¿Cuál es el primer paso que daré en los próximos siete (7) días para cada una de las metas que estableciste? ¡Pon en marcha este plan!	
Meta 1	
Meta 2	
Meta 3	

Quiero ser la primera en felicitarte en haber escrito tus metas. El hecho de que las hayas escrito sugiere que tienes 43% más probabilidades de hacerlas realidad y que no se queden en un pensamiento fortuito de lo que alguna vez fueron esperanzas y tus sueños. Acabas de conectar con el poder del hemisferio izquierdo de tu cerebro que gobierna la lógica de todo lo que hacemos y a su vez has alertado a tu subconsciente de lo que debe buscar y almacenar. Ahora atrévete a llevar tus resultados a otro nivel.

Este capítulo no incluye la sección *Ejercicios y Preguntas para el Camino*. ¡Todo el capítulo ha sido de ejercicios y preguntas para el camino! Ahora, te invito a acceder el vídeo que acompaña este capítulo a través de este código de respuesta rápida (QR Code) a continuación para explorar más opciones de cómo puedes trabajar con la *Rueda de la Vida, el Plan de Acción para Convertirte en Imparable* y de cómo llevar tus resultados a un nivel superior.

Capítulo 4: Tus Excusas

"El que es bueno para hacer excusas rara vez es bueno para otra cosa."
Benjamín Franklin

Una excusa es una explicación que nos damos a nosotros mismos—y a otros—para no hacernos responsables de una acción que nos corresponde. Es eludir la responsabilidad que nos toca frente a lo que hay que hacer. Las excusas no son una razón para no hacer. La pregunta es, ¿por qué las excusas aparecerán si tengo claridad en lo que me toca hacer para ser imparable?

Cuando nos sentimos inspirados se nos acelera la adrenalina. Esa reacción física que acelera la adrenalina y te provoca intranquilidad y entusiasmo. ¡Es una sensación épica! Se siente uno con la fuerza de conquistar el mundo con una sonrisa y no hay ni una onza de duda en nuestra cabeza. Eso es, hasta que nos toca hacer el trabajo.

En ese momento se aparecen desde el lugar inhóspito de nuestras entrañas, las excusas… tus excusas. ¡Que fastidio! ¡Cómo me rejode cuando la intención de la excusa se presenta a la puerta sin invitación! Cada vez que soy recurso de una experiencia transformacional (seminarios, talleres, sesiones de coaching VIP o regulares) comparto con la audiencia que es importante recordar que quienes han vivido la experiencia han sido ellos y no el mundo. Cuando termina una experiencia que te sacude el suelo y te mueves en poder, recuerda que quien lo vivió fuiste tú. El resto del mundo ni siquiera tiene idea de lo que viviste. Esa experiencia te pertenece. Es en ese momento donde te reconectas con tu entorno donde debes recordar que el mundo no te recibirá con los brazos abiertos y planificará una fiesta con vítores para celebrarte. ¡Qué decepción! ¿Cómo es? ¿Qué después de todo este trabajo de búsqueda de la claridad, de tomar decisiones y de comprometerme con un plan de acción no me darán un premio? ¿No habrá reporteros ni primicias en los noticiarios? Pues así es. Lo que decidiste hacer, lo que decidiste establecer como prioridad en tu vida, no se hará realidad de forma instantánea. No hay varita mágica para los resultados que quieres.

Cuando tomas una decisión—y nuestro cerebro tiene esa programación—se hace hábito distraernos de nuestra responsabilidad. En la introducción compartí mi experiencia de procrastinar para que este libro se hiciera realidad. Hasta que me hice responsable de hacer el trabajo el resultado no se dio. Hoy tienes este libro en tus manos porque se hizo el trabajo, para que el mismo se materializara. Este libro ya no es una idea, un anhelo o un suspiro; ya no es una expresión de tal vez o de algún día.

La vida siempre va a ocurrir. En el momento que decidas descartar las excusas y exponerte al crisol de tus creencias limitantes, verás con claridad los pasos de la transformación para ser alguien imparable. ¿Cuántas cosas no has querido alcanzar en la vida que se postergaron para mañana, para el mes que viene, para el año que viene, para algún día? Asumir la responsabilidad que te toca frente a tus sueños, es necesario que tu compromiso sea real e intencional. Requiere que estés en la disposición de hacer los que sea necesario para convertir tus sueños en realidad. ¿Qué significa para ti alcanzar lo que te propusiste? ¿Qué estás dispuesto a hacer para alcanzarlo? ¿Estás en la disposición de levantarte más temprano y acostarte más tarde? ¿Aunque el cansancio te toque la puerta? ¿Aunque requiera de ti sacrificio? Conquistar las excusas requiere que estemos, nos organicemos y hagamos cosas que no nos gustan.

Por ejemplo, cuando nos inscribimos en un gimnasio nos entusiasma la idea del cambio corporal porque eso representa un estilo de vida más saludable y activo. Sin embargo, las probabilidades de que nos mantengamos asistiendo al mismo de forma consistente es baja. Estudios de mercadeo en Latinoamérica sugieren que enero es el mes donde ocurren el mayor número de inscripciones. Algunos estudios sugieren que las suscripciones a un gimnasio son entre 50 y 70 porciento más que en cualquier otro mes, pero al cabo de tres (3) meses dejan de asistir. Probablemente tu pregunta es ¿por qué alguien hace una inversión como esa y después se quita? Si sabía que se quitaría, ¿para qué inscribirse?

Lo que pasa con los gimnasios (como en el ejemplo del párrafo anterior) es lo mismo que nos pasa en todos los aspectos de nuestra vida. Tan pronto nos sentimos empujados fuera de nuestra zona de comodidad es natural que ocurra resistencia al cambio. Por ende, tu ¿por qué? y ¿para qué? tienen que estar bien claros y anclados en tu pensamiento. Para conquistar tus excusas tú tienes que querer hacerlo. Hay que ser disciplinado, no hay de otra. Disciplina es el acto de constancia en hacer lo que nos proponemos, aunque no estemos de ánimo, aunque no nos guste. Así pues, el secreto para sobrepasar tus excusas estriba en la disciplina. Para desarrollar el hábito de la disciplina hay que darle prioridad a tu compromiso y mantener el enfoque. Hablaremos de ambas cosas en los próximos capítulos.

Ejercicios y Preguntas para el Camino

Recuerda que tus respuestas pueden convertirte en imparable. Responde con total honestidad, enfréntate a tus excusas y destrúyelas. ¡Enfréntate a tu verdad y conquístala!

1.   En relación con las prioridades que estableciste en tu plan de acción, ¿cuál es tu por qué y cuál es tu para qué?

_____
_____
_____
_____
_____

2.   ¿Qué te mantiene con ataduras en el espacio donde estás y no te deja alcanzar lo que quieres? ¿Qué excusa te estás dando para no vivir al máximo de tu potencial?

_____
_____
_____
_____
_____

3.   ¿Qué creencias tienes sobre el éxito? ¿Crees que el éxito es posible para ti? ¿Cómo lo determinaste?

_____
_____
_____
_____
_____

4. ¿Qué necesitas dejar ir para no aceptar las excusas que han surgido en tu camino (emociones, hábitos, creencias)? ¿Cuál ha sido el costo de no haber dejado ir anteriormente? ¿Cuáles serían las consecuencias si no dejas ir esta vez? ¿Qué sería diferente si lo hicieras?

_____
_____
_____
_____
_____

Capítulo 5: Tu Compromiso

"Hay una diferencia entre el interés y el compromiso. Cuando estás interesado en hacer algo, lo haces sólo cuando las circunstancias lo permiten. Cuando estás comprometido con algo, no aceptas excusas, sólo resultados."
Art Turock

Uno de los retos más grandes que vas a encontrar en tu camino hacia convertirte en imparable eres tú. Sí, así como lo lees, tú. Quizás estés asintiendo mientras lees estas oraciones o quizás la pregunta que piensas es ¿cómo es posible que sea yo lo que se interponga entre mi vida hoy y mi éxito? Pues sí, tú.

Cuando tomamos una decisión, escogemos trabajar con una (o varias) prioridades. Sin embargo, existe una línea finita entre hacer o no hacer. ¿Vas a alcanzar los resultados que esperas? ¿Harás lo que sea necesario para obtener los resultados que quieres? El factor decisivo es la intención. ¿Cuánta intención hay en tu compromiso con tus decisiones?

Hace algún tiempo conversaba con unas amistades sobre la diferencia entre desear algo y tener ganas de algo. El debate concluyó en que tener ganas de algo se enfoca en lo que nos gusta, pero podemos vivir sin ello; mientras que el deseo se enfoca en aquello que debemos obtener a toda costa y no podemos vivir si no lo tenemos. Los ejemplos que usamos en la conversación fueron la comida y la familia. Para ponerlo en contexto, podemos tener ganas de comer pizza, pero si no la comemos no pasa nada. No obstante, cuando intercambiamos el concepto de la comida por el concepto de la familia, la intención cambia. Ya no es tengo ganas de una familia. En ese momento se enciende una chispa que alimenta la voluntad inalienable de hacer lo que sea necesario para alcanzar lo que deseamos. En este caso, la familia.

En el capítulo anterior conversamos sobre la importancia de tener claro el ¿para qué? y el ¿por qué? Hagamos un ejercicio, toma unos minutos y reflexiona sobre las siguientes preguntas. ¿Eres consistente cuando tomas una decisión o siempre encuentras una excusa para justificar que no lo lograste? ¿Cuán importante es alcanzar lo que te has propuesto?

Para ser imparable hay que ser valiente. Hay que tener los pantalones para mirarnos en un espejo y enfrentarnos a nuestra verdad. Es esencial desenmascararnos de las excusas a las que nos hemos aferrado y convertido en verdades.   Y después de habernos enfrentado a nuestra verdad y reconocer que es posible, hay que ser valiente para hacer lo que sea necesario. Es ahí que reside el secreto de ser imparable. Tienes que hartarte de tus excusas y alimentar el fuego que habita en tu interior para hacer lo que sea necesario hacer. Podemos hacer mil ejercicios de claridad, identificar aspectos a mejorar y construir otros tantos planes de acción, pero sin valentía no sirven de nada. Tu compromiso con la decisión que hayas tomado para con tus prioridades jamás rendirá frutos si no inviertes tu energía en el proceso con valentía.

Como ves, el secreto reside en ti. Ahora, el sueño no se hace realidad en soledad. Y la realidad es que tendrás momentos de desánimo y de agobio. ¿Qué te hará continuar cuando estés en soledad y pienses que no hay problema en rendirte? ¿Que si te rindes no es gran cosa, que no es gran cosa y que a nadie le interesa lo que tú decidas? Ese es el momento donde se separan los valientes de los cobardes. Ese es el momento decisivo, el momento de la trascendencia. Todos hemos tenido momentos como esos en nuestra vida. ¿Podrías identificar un momento en tu vida donde requeriste de valentía para tomar una decisión?

Hace algunos años, mi hermana se inscribió en un evento deportivo para completar una carrera 5K. La carrera era auspiciada por una farmacia de renombre en Puerto Rico y apoyaría varias organizaciones de ayuda social. Cuando me lo dijo, me entusiasmé tanto con la idea que el corazón se me quería salir del pecho. Pensé que sería genial hacer una carrera de esas al menos una vez y quizás encontraría una nueva pasión.

¿Sabías que 5 kilómetros son equivalentes a 3.1 millas? Yo lo aprendí ese día. Soy una mujer de talla grande, dependiendo de qué parte del mundo seas, probablemente tengas un término para definirlo. En ese momento no practicaba ningún deporte y mi cuerpo definitivamente no estaba en condiciones de hacer tal carrera. No era necesariamente la candidata ideal para este evento deportivo. El sobrepeso, mi condición física y de salud en general no eran necesariamente factores positivos por considerar. Leí y escuché historias de personas que participaron en eventos similares y describían con entusiasmo la emoción de haber cruzado la meta. Yo quería eso, quería vibrar en la energía de la grandeza.

El tan esperado día llegó y mi esposo me dijo que me acompañaría en la gesta. Así que estiramos y nos acomodamos todos en la línea de salida, mi hermana, mi esposo y misma. A la hora en punto sonó el disparo de salida y allá fuimos. En los primeros 15 minutos de la carrera me había rebasado al menos la mitad de los corredores, incluyendo mi hermana. Recuerdo haberle dicho: "tranquila, no te preocupes por mi. Nos vemos en la meta". Con el pecho henchido de orgullo, vi como mi hermana despegaba el paso junto a los demás corredores y caminantes mientras yo quedaba más rezagada del grupo. Pensé, ¿en qué carajo me metí cuando dije que sí a esto? ¿Qué estaba pensando? Con cada paso que daba mi frustración aumentaba y la decepción con misma crecía. Era como si me estuvieran echando sal en una herida abierta. Ya habían transcurrido aproximadamente 45 minutos desde que comenzó la carrera y había caminado unas dos (2) millas. Mi posición era de las últimas. La mayoría de los corredores y caminantes habían llegado a la meta y recibido sus medallas. Yo aun caminaba. Entonces empecé a llorar. Fue una mezcla de emociones que no había experimentado antes. Lloraba con coraje, lloraba de la frustración. Estaba fuera de forma, cansada, tenía sed, me dolía la vida… Mientras caminaba en paso lento pensaba en sentarme en la orilla de la carretera. Después de todo, ¿quién se daría cuenta? ¿A quién le importa si termino la carrera o no? Había pagado mi inscripción y eso era lo que importaba. Así era como se ayudaba a las causas benéficas. Me detuve en el medio de la carretera y miré a mi esposo con actitud derrotista y le dije: "No voy más". Él me miró a los ojos y me dijo: "Si es lo que quieres, siéntate aquí. Yo busco el auto, te recojo y nos vamos. Pero esa no eres tú. Dentro de ti hay más fuerza que esto. Te he visto conquistar retos más difíciles. Yo se que estás pensando en cientos de razones para no terminar, pero recuerda que solamente necesitas una, sólo una, para llegar hasta la meta". Esa última oración me quemó el alma. Me sequé las lagrimas y grité. Más que un grito fue un aullido de dolor. En ese momento decidí que iba a terminar la carrera por mi. Porque yo merecía vivir la experiencia de cruzar la meta. Porque completar esta gesta era ganar un escalón para mi auto-estima y lo que pensaba de mi imagen. Representaba callarle la boca a los bullies que atormentaron mi vida desde que recuerdo y a los amores efímeros que no fueron porque mi cuerpo no era el adecuado. Esa carrera cambió mi vida. Recorrí 3.10 millas, los 5 kilómetros, en una hora y 37 minutos. Fui casi la última persona en cruzar la meta. Llegué a la meta. No me quité. Llegué. Solamente necesitas una razón clara que sirva de combustible cuando llegue el momento de la duda y del cansancio. La llama que alimenta el compromiso que hiciste contigo para convertirte en imparable.

Ejercicios y Preguntas para el Camino

Recuerda que tus respuestas pueden convertirte en imparable. Responde con total honestidad, enfréntate a tus excusas y destrúyelas. ¡Enfréntate a tu verdad y conquístala!

1. Más allá de tus necesidades básicas, ¿qué necesidades tienes que son particularmente tuyas? ¿Qué tipo de recompensas necesitas?

_____
_____
_____
_____

2. ¿Qué necesitas para sentir que estás completo(a)? ¿Por qué?

_____
_____
_____
_____

3. ¿Qué te mueve a ser tu mejor versión? ¿Cuál es tu motor, la razón por la cual lo haces?

_____
_____
_____
_____

CAPÍTULO 6
TU ENFOQUE

Capítulo 6: Tu Enfoque

"No se obtienen resultados al enfocarse en los resultados. Obtienes resultados al enfocarte en las acciones que producen resultados."
Mike Hawkins

¿Cuánto enfoque se necesita para ser imparable? Se necesita todo tu enfoque. No un poquito, no la mitad o casi todo. Lo necesitas todo. Tu enfoque determinará cuán rápido llegas a la meta. Eso es, si mantienes el enfoque en tus metas y no en la vida de los demás.

El enfoque es como apuntar un rayo infrarrojo a un objetivo y no permitir que nada interrumpa la puntería hacia el objetivo. Es la concentración acompañada por la emoción que anticipa una gran celebración y te activa a permanecer en movimiento. Nunca será suficiente querer o soñar algo. Cuando nos enfocamos únicamente en lo que queremos alcanzar sin considerar lo que necesitas hacer para lograrlo, nada va a suceder. Enfocarse en el resultado es importante, pero mantener el enfoque en las acciones específicas que te llevarán a ese resultado es más importante.

La Real Academia Española define enfoque como lograr que la imagen de un objeto que se produce en el foco de un lente sea captada con claridad sobre un plano u objetivo específico. Para establecer enfoque en algo, primero hay que tener claro en qué queremos centrar nuestro enfoque. Para romper la pared hay que hacer cosas que nunca hemos hecho y de forma consistente. El enfoque es para valientes. La única persona que tiene la llave para establecer las expectativas de tu vida eres TÚ. Cada minuto de tu vida, cada paso que das, cada decisión es crucial en tu destino. Pero para hacer lo necesario se requiere que no permitas que las distracciones puedan desviar tu enfoque.

¿Sabes que separa a las personas exitosas de los demás? El sentido de urgencia. ¿Qué pasaría si las metas que estableciste fueran cuestión de vida o muerte? Si tu vida dependiera de ese próximo paso para alcanzar tus metas, ¿harías más? ¿Tendrías fuego en el corazón para hacer lo que sea necesario y alcanzar la meta? ¿Dejarías que tu cerebro y tu corazón se dejaran gobernar por el miedo y el "lo hago después"?

Un componente esencial para el enfoque es tu mentalidad. Es decir, la actitud y las opiniones que tengas sobre cómo vives y las cosas que mereces. Tu mentalidad determina el enfoque sobre todo lo que haces y se influencia por tus creencias. Las que te potencian y las que te limitan. Las creencias que te potencian son como combustible que encienden tu motor y te mantienen en movimiento constante hacia tu destino. En cambio, las creencias limitantes (yo les llamo el cuento de la vida) son aquellas que te anclan y no te dejan avanzar. Si te dijera que tú eres imparable y que dentro de ti ya existen los recursos para moverte en poder, ¿me creerías? Probablemente respondiste sí y detrás le abriste la puerta al pero... y así sin más comienzan a desfilar las excusas creadas para que extingas el fuego en ti y te conformes con el estatus quo.

Evalúa tus límites. Es imprescindible que haya congruencia entre tus acciones y tus creencias. De nada sirve que de la boca pa' fuera te repitas las consignas de que el éxito te espera cuando en lo profundo de tu corazón crees que no lo mereces. No te hagas el cuento de la vida para justificar por qué no estás viviendo la vida que sueñas. ¿Qué estás esperando para hacer lo que te toca hacer para vivir la vida que quieres? Eleva tus estándares y exige de ti la excelencia. No aceptes excusas para no trabajar en tu mejor versión. ¡Enfócate!

Ejercicios y Preguntas para el Camino

Recuerda que tus respuestas pueden convertirte en imparable. Responde con total honestidad, enfréntate a tus excusas y destrúyelas. ¡Enfréntate a tu verdad y conquístala!

1. ¿Cuál es el cuento de la vida que no te permite que alcances lo que quieres?

_____
_____
_____
_____

2. ¿Cuál es el cuento de la vida que te aguanta cada vez que tienes una idea?

_____
_____
_____
_____

3. ¿Cuáles son tus creencias potenciadoras (las que te empujan a ser más, dar más y hacer más)?

_____
_____
_____
_____

4. ¿Cuáles son las creencias limitantes (las que te mantienen en el lugar donde estás)?

_____
_____
_____
_____
_____
_____

LO TERCERO
Vive tu Éxito

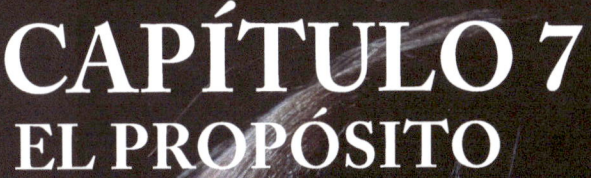

CAPÍTULO 7
EL PROPÓSITO

Capítulo 7: El Propósito

"Las personas toman diferentes caminos buscando la plenitud y la felicidad. El hecho de que no estén en tu camino no significa que se hayan perdido."
Dalai Lama

¡Cuánto cambia a nuestro alrededor el propósito de nuestra vida está claro! El propósito funciona en nuestra vida como la brújula que apunta a la dirección hacia la cual debes mantener tu enfoque. En el camino del éxito es certero que ocurrirán dos (2) cosas: 1) recibirás la crítica por hacer lo que otros no se han atrevido a hacer; y 2) conectarás con las personas que te equiparán con las herramientas necesarias a lo largo del camino. La decisión de seguir el camino que escojas es enteramente tuyo. Tú puedes escoger cualesquiera de las dos opciones. Ahora, recuerda que eres totalmente responsable de los resultados que obtienes como resultado de tu elección. Opinar sobre cómo los demás deben soñar es muy fácil, en especial cuando no se tiene que asumir la responsabilidad de los resultados.

El propósito describe la determinación de hacer algo que se ha decidido. ¡Qué fuerza tiene estar claro en nuestro propósito! Establecer propósito en nuestra vida puede describirse como el combustible que inspira la creatividad, motiva la estrategia e incentiva la acción. El propósito es indiscutiblemente uno de los ingredientes imprescindibles de ser imparables.

La palabra propósito proviene del latín *propositum*, que significa **poner delante de** (pro – hacia adelante y *positum* – poner). Así pues, tener definido nuestro propósito es el acto representativo de establecer las razones que nutren cada decisión y acción que tomamos. Permíteme acompañarte a visualizar lo que significa definir tu propósito. Visualiza lo siguiente, imagina estás en una habitación con una ventana y una puerta, pero no tienes permitido salir de ahí. En esa habitación tienes todo lo necesario para alimentarte, descansar, divertirte, ejercitarte y asearte. ¿No es un mal trato verdad? Después de todo tienes todo los que necesitas para pasar cada día satisfaciendo las necesidades físicas que alargarán tus días… Probablemente estás pensando en la desventaja del trato… ¡No te permiten salir! Y de repente empiezas a sentir ansiedad, llenarte de preguntas y a retar la idea de que eres una persona libre y en control de quien eres por lo que nadie tiene derecho a controlar y obligarnos a estar en espacios en los que no queremos estar. ¡Cada uno de nosotros tiene el poder de diseñar la vida que queremos vivir! Hasta que nos damos cuenta de que no vivimos según dijimos un día que lo haríamos.

Definir nuestro propósito es un trabajo extremadamente incómodo e intencional. Va a requerir que te cuestiones el estado actual en cómo vives, tus emociones y cuáles son los resultados que quieres obtener para tu vida. ¿Y cómo logras eso? En el capítulo 3, Plan de Acción, trabajamos con ese principio. Si quieres cambios trascendentales para ti, debes hacer el trabajo que es requerido para lograrlo. No lo pienses más y escógete. Apuesta a ti y conviértete en imparable.

A través de la jornada para definir tu propósito enfócate en ti. Como ya sabes, en el momento que te enfoques en tu proceso de descubrimiento llegarán a tu vida los admiradores con rabia que tendrán una opinión sobre cómo deberías vivir tu vida y hacer tu sueño realidad. Sin embargo, la opinión de los admiradores con rabia es sólo eso… la percepción de lo que siempre desearon y nunca hicieron. Tú tienes el poder de permitir o rechazar la influencia de sus comentarios. Tú determinas a qué le das espacio en tu vida para definir tu propósito.

Estoy segura de que quieres comenzar el trabajo de definir tu propósito cuanto antes posible. ¡Vamos a poner manos a la obra! ¿Comenzamos a hacer el trabajo? ¡Vamos, te acompañaré!

Para hacer el trabajo para definir tu propósito deberás responder las *Preguntas para el Camino* considerando que sólo tú:

1) sabes lo que realmente te hace feliz,

2) sabes cuál es el sueño que quieres alcanzar,

3) conoces verdaderamente tus motivaciones y pasiones,

4) tienes la imaginación para diseñar el plan maestro para hacer tu sueño realidad; y

5) eres la única persona que tiene el poder de que ese plan se lleve a cabo y tu sueño se haga realidad.

Ejercicios y Preguntas para el Camino

Recuerda que tus respuestas pueden convertirte en imparable. Responde con total honestidad, enfréntate a tus excusas y destrúyelas. ¡Enfréntate a tu verdad y conquístala!

1. Cuando estás en tu mejor momento, y estás siendo realmente tú… ¿Qué es importante para ti? ¿Por qué? ¿Qué beneficio generas? ¿Cuál es tu mayor contribución en ese espacio? ¿Cómo te hace sentir?

_____
_____
_____
_____

2. ¿Qué te hace único(a), que te hacen ser tú? ¿Qué te quema por dentro que te lleva a desempeñarte en tu mejor nivel? ¿Qué hace que te muevas, que actúes? ¿Qué te motiva a estar en tu mejor nivel? ¿Qué hace que aumentes tu velocidad de desempeño? ¿Qué es lo que deseas ser y hacer?

_____
_____
_____
_____

3. Ahora escribe tu declaración de propósito. Sigue la guía que te incluyo. También proveo un ejemplo en el vídeo de este capítulo.

A través de mi (enumera las cuatro (4) características que mejor te describen) _____, yo (lo que harás y la razón por la que lo harás y cual es el resultado) _____
_____.

CAPÍTULO 8
EL TRABAJO

Capítulo 8: El Trabajo

"No pienses. Actúa. Siempre podemos revisar y volver a visitar una vez que hayamos actuado. Pero no podemos lograr nada hasta que actuemos."
Steven Pressfield, Do the Work

El sabor del éxito se saborea solamente cuando se hace el trabajo. El resultado de lo que he diseñaste para tu vida no se hará realidad a menos que decidas actuar sobre ello. ¡Haz el trabajo! Si no lo haces tú, nadie lo hará por ti. Nadie querrá hacer tus sueños realidad más que tú.

Comenzar es la parte más difícil de ser imparable. ¿Sabes por qué? Porque los resultados dependen exclusivamente de ti, del trabajo que harás. No, los resultados que aspiras y esperas no se harán realidad de forma mágica. Aunque nuestros sueños se inspiren y cultiven en nuestra imaginación, no es allí donde se hacen realidad. Para hacer tus sueños realidad y vivir la vida que determinaste por diseño tienes que hacer el trabajo. ¡Tú! Si no lo haces tú, vivirás el resultado de las decisiones que tomaste de no actuar en favor de tu propósito. Cuando no actuamos en favor de nuestro propósito nos anclamos en la ausencia de la pasión, la mediocridad, el conformismo y la tristeza del espíritu. Comenzamos a vivir desde el conformismo y comenzamos a vivir una vida mustia y gris, sin alegría.

Si bien comenzar es la parte más difícil, es la consistencia en la acción sobre tu propósito lo que proveerá los resultados que quieres. ¿Quieres vivir una vida en felicidad? ¡Haz el trabajo! Deja de consolarte con las excusas para permanecer en el estancamiento y conformarte diciendo que esa es la vida que te tocó vivir. ¡Atrévete a hacer el trabajo interno, aunque te pique! Los resultados que aspiras a ver solamente se verán cuando hagas el trabajo que te toca.

¿Qué implica eso? Implica prepararte, buscar la claridad, tomar la decisión, hacer y llevar a cabo el plan de acción, desapegarte de tus excusas y enfocarte en tu compromiso; vibrar desde tu propósito y vivir desde tu diseño. Implica ser imparable. Recuerda, todos tenemos venimos equipados con la semilla de la grandeza y podemos ser más, dar más y hacer más. Si ya ese potencial existe en nuestro ser, ¿qué te impide dar el paso que comienza tu proceso para convertirte en imparable?

Nada cambiará hasta que tú hagas el trabajo para que cambie. Por ejemplo, el color de una pared no cambia de color a menos que una persona busque la pintura y la pinte de un color distinto. Ese proceso no ocurre mágicamente y sin esfuerzo. El cambio no será visible a menos que ocurran las acciones necesarias para ver el resultado. Nada en tu entorno cambiará si descansas en el pensamiento *"algún día"*, *"yo sé que grandes cosas hay para mí"* … Creer que a través de osmosis se transformarán tus resultados para producir los resultados que aspiras es ilusorio. ¡Haz el trabajo! Deja de soñar con la definición de otros y atrévete a ser imparable. Tú puedes.

A través de los capítulos anteriores hemos conversado sobre el proceso de convertirte en imparable. Sin embargo, ese proceso no se hará realidad para ti hasta que te enrolles las mangas y hagas el trabajo que te toca hacer para que puedas vivir la vida de diseño que decidiste. No hay atajos para el éxito. Tienes que incomodarte, cuestionarte si estos son los resultados que quieres y hacer lo que sea necesario para cambiarlos si no lo son. No te conformes con la mediocridad cuando en ti habita la grandeza y el potencial para hacer realidad tu definición de éxito. ¡Tú puedes ser imparable! ¡Haz el trabajo!

Ejercicios y Preguntas para el Camino

Recuerda que tus respuestas pueden convertirte en imparable. Responde con total honestidad, enfréntate a tus excusas y destrúyelas. ¡Enfréntate a tu verdad y conquístala!

1. ¿Hiciste el trabajo que se incluye en los ejercicios y preguntas para el camino incluidos en las secciones anteriores? Reflexiona sobre lo que descubriste sobre ti. ¿Cuál ha sido tu aprendizaje en el proceso?

_____
_____
_____
_____

2. ¿Cuáles son tus próximos pasos para actuar en favor de convertirte en imparable?

_____
_____
_____
_____

3. Una de las estrategias más efectivas en el proceso de mantenernos enfocados en el trabajo es establecer un proceso de verificación de responsabilidad. Identifica una persona (mentor, amistad, familiar) con la que puedas compartir los pasos que identificaste y establezcas un proceso de verificación de responsabilidad.

Esto te permitirá sentirte responsable en el proceso de rendición de cuentas y te mantendrá enfocado en el trabajo y los resultados.

Identifica la persona en este espacio y establece tu plan de acción para completar el proceso sugerido.

_____
_____
_____
_____
_____
_____

Capítulo 9: La Recompensa

"La mayor recompensa por el trabajo de una persona no es lo que obtiene, sino en lo que se convierte."
John Ruskin

Uno de los momentos más sublimes que vivimos los seres humanos, es el momento de la victoria. El momento donde disfrutamos la recompensa, el premio por haber completado el trabajo realizado. Ese momento donde alcanzamos la meta realizada y celebramos con alegría el logro.

¿Alguna vez has celebrado algo que te ha costado un sacrificio enorme que te cuesta contener la emoción? En ese momento celebras a manos llenas con más alegría de la que en ocasiones guarda el corazón. Todos hemos tenido uno o varios de esos momentos en la vida. ¿Quisieras que momentos de recompensa se repitan con mayor frecuencia en tu vida? La respuesta es, conviértete en imparable. La persona en la que te conviertes al conquistar el conformismo y te des permiso para soñar, aceptar y actuar sobre ello hará posible que seas una persona victoriosa. Es decir, de una persona que vence… en este caso, en una persona con las cualidades que describen a alguien imparable.

¿Qué cualidades describirían a alguien imparable? Una persona con estas cualidades comenzaría a describirse desde sus fortalezas, consciente de su potencial, vibrando desde la mejor versión de si mismo, sin dudar que la semilla de la grandeza está dentro de si y que en sus manos está cultivarla y hacerla crecer. Una persona como tú.

Estoy segurísima de ello. ¿Sabes por qué? Porque decidiste abrir las páginas de este libro y hacer el trabajo en búsqueda de la recompensa y en el proceso te convertirte en imparable. La jornada de empoderamiento que emprendiste ha sido intensa. Estoy profundamente agradecida que me hayas permitido acompañarte en este proceso.

La pregunta que probablemente te estarás haciendo en este capítulo es ¿qué es lo próximo? ¿Y ahora, qué sigue? Ahora toca hacer el trabajo de forma consistente para que recibas la recompensa. ¿Cómo se hace eso? Aplicando los principios que aprendiste en esta jornada de imparable. A través de este proceso tuviste la oportunidad de reflexionar sobre tus espacios, enfrentarte de forma honesta y compasiva a quién la persona que comenzó esta jornada, descubriste e hiciste el trabajo para celebrar y conectar con tu mejor versión. Te convertiste en imparable.

Recuerda que tienes al alcance de tus manos el acceso para continuar trabajando con tu mejor versión. Utiliza los recursos que están disponibles para apoyar tu jornada de éxito y empoderamiento. Eres imparable. No hay duda al respecto. Repítelo conmigo en voz alta: "Soy Imparable".

En las primeras páginas de este libro compartí mi historia de cómo me convertí en una persona imparable. Ahora te toca a ti. Utiliza lo aprendido para diseñar y poner en acción tu plan de vida y transformar tus resultados personales, profesionales y financieros. Haz el trabajo y conviértete en el arquitecto de tu vida y tu destino. Eres imparable.

Referencias

1. https://karyoberbrunner.com, 2019
2. https://deconceptos.com/general/decision, abril 2019
3. https://deconceptos.com/general/decision, abril 2019
4. (Oberbrunner, 2013)
5. https://karyoberbrunner.com, abril 2019
6. Ilustración 1   https://pauljmeyer.com, april 2019
7. Gail Matthews, PhD. Strategies for Achieving Goals and Resolutions. (California: Dominican University, 2015).

Notas del lector:

www.ingramcontent.com/pod-product-compliance
Lightning Source LLC
Chambersburg PA
CBHW042338150426
43195CB00001B/33